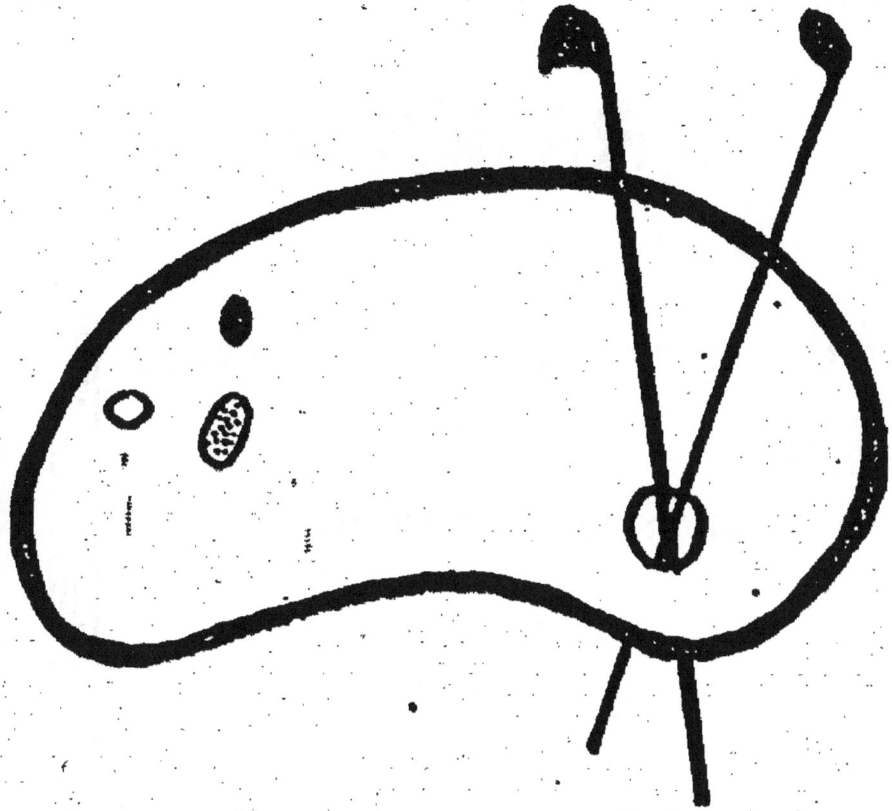

DEBUT D'UNE SERIE DE DOCUMENTS EN COULEUR

ENFANTS ARMÉNIENS

SOUVENIRS DE NOËL 1895

RÉCITS AUTHENTIQUES

PAR

G. APPIA

PARIS
SOCIÉTÉ DES ÉCOLES DU DIMANCHE
33, RUE DES SAINTS-PÈRES, 33
—
1896

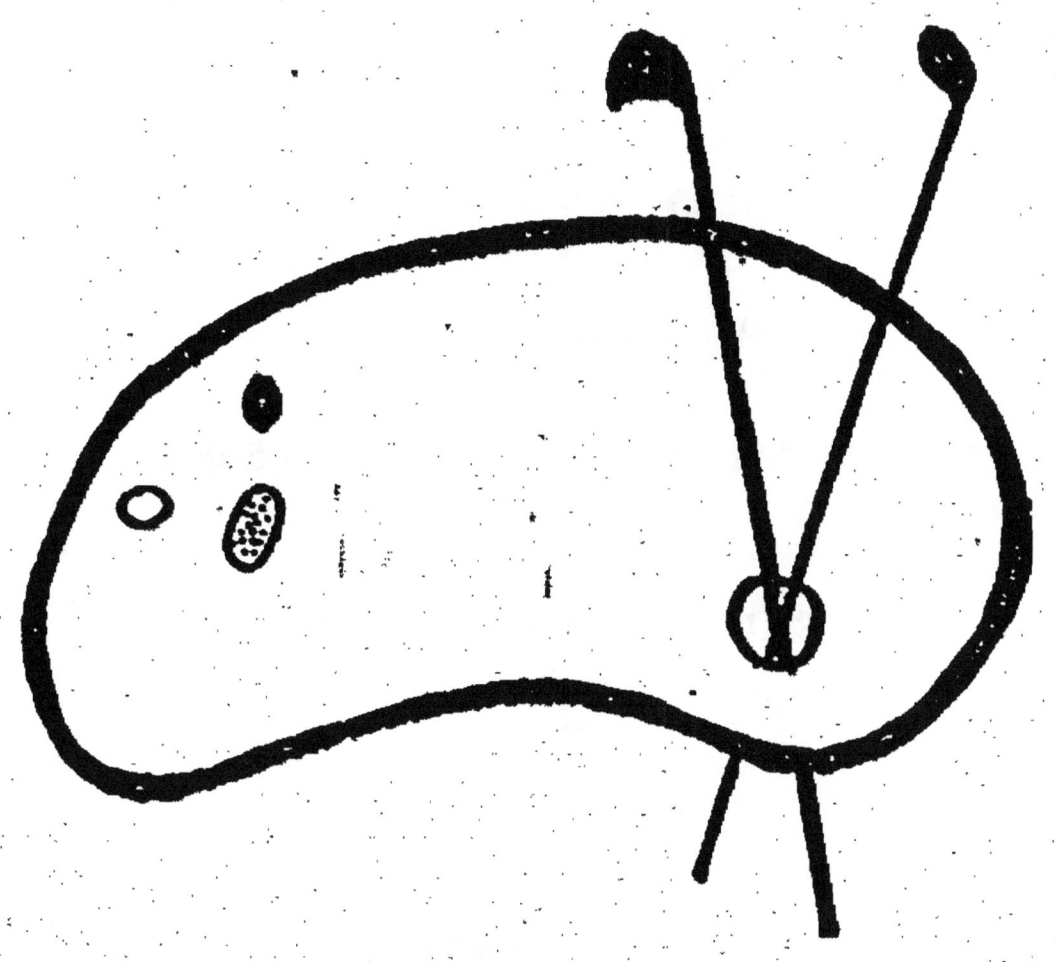

FIN D'UNE SERIE DE DOCUMENTS EN COULEUR

ENFANTS ARMÉNIENS

SOUVENIRS DE NOËL 1895

RÉCITS AUTHENTIQUES

PAR

G. APPIA

PARIS
SOCIÉTÉ DES ÉCOLES DU DIMANCHE
33, RUE DES SAINTS-PÈRES, 33
—
1896

Un Peuple martyr

Tandis que, pendant les derniers jours de décembre 1895, nous allumions nos arbres, chantions nos cantiques de Noël et distribuions, au nom de l'Enfant nouveau-né, des cadeaux à nos enfants, les feux lugubres de l'incendie s'allumaient au loin, en Arménie, au pied des monts Ararat et Taurus. Du sein des flammes, on entendait les hurlements et les cris de femmes et d'enfants brûlés vifs; et partout dans le pays, on eût pu répéter, comme aux anciens jours : « On a entendu dans « les montagnes des pleurs, des lamentations et « de grands gémissements : Rachel pleurait ses « enfants et ne voulait pas être consolée, parce « qu'ils ne sont plus ». Au lieu du chant des anges, qui annoncent à la terre paix et bienveillance, un immense cri de détresse poussé par des milliers de victimes s'élève vers le ciel et vers nous pour nous dire : « Au nom du Christ, ayez pitié de nous ! Sauvez-nous, nous périssons dans les tourments ! ».

Le Surlendemain de Noël à Edesse

La ville d'Edesse, appelée par les Arméniens *Orha*, par les Turcs *Orfa*, et par les Arabes *Roha*, est une ancienne cité de la Mésopotamie, puisqu'on y montre encore le *Makam Ibrahim* ou l'endroit où priait Abraham. Ce fut, d'après la tradition, la première ville de ces contrées qui embrassa la foi chrétienne et, pendant longtemps, on y montrait le portrait que le Sauveur aurait envoyé au roi Abgar le Noir avec une lettre apocryphe, mais fort ancienne et que nous a conservée Eusèbe.

C'est là que Saint Ephrem, père de l'Église de Syrie, prêcha et dirigea une célèbre école de théologie ; c'est là qu'il fonda le premier hôpital chrétien. Cette capitale de l'Osroène, Edesse, fut toujours l'une des clefs de la Mésopotamie. Lors de la première croisade, Baudoin, père de Godefroy de Bouillon, s'en empara et devint roi d'Edesse. Les

Turcs détruisirent la ville, qui fut reconstruite plus tard. Ces antiques souvenirs nous disent l'importance de la cité d'Urfa et nous expliquent par conséquent, pourquoi les Turcs voulurent en être seuls maîtres.

Dès le 28 octobre de l'an dernier, les habitants d'Edesse ou d'Orfa avaient été attaqués par des troupes musulmanes, nommées « Hamidiés », ou Kurdes enrégimentés. Plusieurs centaines d'hommes ayant été tués, 1.500 boutiques pillées dans la ville et beaucoup de chrétiens contraints à abjurer leur foi et à coiffer le turban blanc; on croyait qu'on en serait quitte désormais et que c'était la fin du désastre : hélas! ce n'en était que le commencement.

Au lieu de punir les auteurs du crime, on les laissa jouir tranquillement de leurs rapines et bientôt arrivèrent des femmes de Marache, racontant que leurs maris avaient été maltraités par les chrétiens de Zeitoun, et en même temps les Musulmans de Diarbékir adressaient d'incessants reproches à ceux d'Orfa, les traitant de lâches et d'indignes du titre de Mahométans, puisqu'ils s'étaient contentés de si peu de victimes.

Ajoutez à cela l'appât du gain; car les Arméniens étaient, il y a encore deux ans, dans tout l'empire turc, les maîtres du commerce, les plus habiles et les plus riches marchands.

Vers Noël, les fonctionnaires de la justice turque se réunissent, ayant à leur tête un des hauts dignitaires de la ville, nommé Hussein Pacha et décident, qu'après avoir désarmé tous les chrétiens, on leur livrera un assaut, le surlendemain de Noël, 27 décembre 1895.

Pour donner quelque apparence de raison à l'attaque, des musulsans sont chargés de tirer à blanc sur le commandant des troupes turques ; on feint de croire que l'attaque a été tentée par les Arméniens ; le commandant en rage donne ses ordres et le massacre commence.

Je laisse ici la parole à M. Denys Cochin et au Père Charmettan, qui soutient si courageusement la cause de cet infortuné peuple arménien, qu'on égorge depuis trois ans.

« Le lendemain de Noël, le quartier arménien
« d'Edesse est envahi. Le gouverneur de la ville
« n'a su faire qu'une chose : désarmer tous les
« Arméniens. Avant le lever du soleil, on entend
« une sonnerie de trompette ; aussitôt la populace,
« la police, l'armée (turque) même, se précipitent
« sur eux et pendant toute la journée le massacre
« s'accomplit. Au coup de la trompette, le soir,

« tout rentre dans le calme. Le lendemain, la
« trompette résonne et le massacre recommence.
« Puis le soir, une foule tremblante d'hommes, de
« femmes, de vieillards et d'enfants, s'entasse
« dans la cathédrale grégorienne... Les autorités
« turques lancent des crieurs publics dans les rues
« du quartier chrétien, pour inviter les Arméniens
« à se réfugier en hâte dans cette église, afin d'y
« être en sûreté... L'enceinte sacrée devient trop
« étroite et un grand nombre vont se blottir
« dans la crypte de l'édifice. Hélas ! quand on con-
« naît les intentions des autorités, c'était déjà
« trop tard. »

Vers trois heures du matin, l'emblème de l'Islam en tête, la sinistre procession des massacreurs entre dans l'Église. Les premiers chrétiens qu'elle rencontre, sont tués sur le sol de la nef et du chœur. La cathédrale était entourée de tribunes construites en bois. Une foule tremblante y était retirée, demandant grâce et pleurant, dans toute l'agonie de la terreur. Les premiers bourreaux montent sur l'autel et, de là, en abattent quelques-uns à coup de révolver. Puis, trouvant que le travail dure trop longtemps, ils barbouillent les piliers de bois de ces tribunes avec du pétrole, en trempent les tapis et les coussins, destinés aux prières de ceux qui s'agenouillent et préparent ainsi un vaste brasier, y mettent le feu et barrent la porte par laquelle les victimes veulent se sauver. Pendant deux heures, on entendit les cris et les gémissements de cette foule brûlée vive.

En vain le troisième jour, vers midi, arrive enfin l'ordre supérieur de faire cesser les massacres ; le carnage continue encore jusqu'au soir. On pense qu'en tout, à Orfa, le nombre des victimes a dépassé 9.000. Voilà ce qui se passait le surlendemain de Noël dans l'antique Edesse, et c'est à cause de cette coïncidence de date avec Noël que nous avons rapporté en détail la mort de tant de victimes immolées *dans une seule ville.*

Mais, sur toute l'étendue du pays, les mêmes faits se sont reproduits. Que dire de ces trois cents femmes de Tamrosa, près de Karpout, livrées à la cruauté immonde des soldats turcs? de ces trente-cinq jeunes paysanes de Palou, qui se jettent dans le fleuve et y cherchent la mort pour éviter leurs outrages? Que dire de cette courageuse Schaké, qui, voyant arriver les Turcs sur le haut des rochers de Sassoun, où elle s'est défendue toute la journée avec ses compagnes, leur crie : « Mes sœurs, vous avez le choix entre le déshonneur avec l'abandon de la foi et la mort; que celles qui le veulent me suivent! » prend son enfant entre ses bras, se précipite du haut des rochers dans l'abîme, et est suivie par ses compagnes, qui sauvent ainsi leur honneur par une mort volontaire et héroïque?

On compte plus de 100.000 Arméniens massacrés; des dizaines de mille de protestants obligés d'abjurer la foi chrétienne et de se faire musulmans; dix-neuf pasteurs morts martyrs; plus de cinquante prêtres grégoriens également morts pour leur foi.

Racontons ici la saisissante histoire, peut-être déjà connue de quelques lecteurs, de :

La Jeune Martyre de Césarée.

Pendant le massacre de Césarée, cette enfant de douze ans vit entrer tout à coup, dans sa chambre, un Turc, à l'air féroce, qui essaya d'abord d'adoucir sa voix et lui dit : « Ton père est mort tout à l'heure, parce qu'il n'a pas voulu se convertir à la religion de Mahomet. A présent, si tu veux embrasser ma religion ou l'Islam, je te recevrai chez moi, comme si tu étais ma fille, tu ne manqueras de rien et seras dans ma maison. Veux-tu devenir musulmane? — « Je crois en Jésus-Christ, répondit l'enfant chrétien; il est mon Sauveur; je l'aime et ne puis obéir, dussiez-vous me tuer! » A ces mots, le Turc se jeta sur elle et la larda de douze coups de sabre. On ne sait ce qui suivit. La maison fut pillée, puis brûlée et le corps du père réduit en cendres.

Mais le soir du même jour, une charrette conduite par un voisin turc s'arrêtait devant la maison où s'était transportée, dès le matin, la mère de la jeune martyre : « Je vous apporte le corps de votre fille, dit l'homme; vous êtes ma voisine, je ne pouvais la laisser là. Je suis désolé de ce qui est arrivé! » Quel ne fut pas l'étonnement de la pauvre mère, en s'apercevant que sa fille respirait encore! Un médecin fut mandé, parvint à la ranimer et peu à peu elle s'est rétablie. Dès sa plus tendre enfance, elle avait appris à aimer le Sauveur et à lire la Bible. Nous apprenons qu'elle a pu être transportée à Francfort-sur-le-Mein, chez le pasteur Lohmann. Elle est encore fort ébranlée par ses souffrances; elle porte dix-neuf cicatrices de coups de sabre qu'elle a reçus, la main gauche a été traversée par le fer et deux doigts ont été paralysés. Les diaconesses de Kaiserswouth ont recueilli, à Smyrne, seize orphelines. L'une d'elles, nommée Khatoum, appartenait à une famille riche et chrétienne, qui était réunie pour la prière au moment des massacres. Son père, son grand-père et nombre de ses parents furent tués et les assassins s'en vantèrent devant elle avec des éclats de rire ; une petite fille qu'elle tenait par la main fut frappée à mort à ses côtés. Transportée à Smyrne, auprès des bonnes diaconesses, la pauvre enfant a retrouvé sa sérénité perdue et son zèle pour l'étude. Elle s'est faite la petite évangéliste de la troupe, pendant le long voyage de Marache à Smyrne, qui s'est effectué jusqu'à Alexandrette, soit à pied, soit à l'aide de trois chevaux, portant chacun deux paniers, et de là sur mer. Les prières de la jeune Khatoum et de ses compagnes, en langue turque, ont quelque chose de saisissant : elles demandent à Dieu de les préserver de maudire leur bourreaux et expriment la joyeuse assurance que leurs parents, morts martyrs de leur foi, ont été recueillis dans le séjour des bienheureux et que Dieu aura soin d'elles et de leurs mères restées en Asie.

Et maintenant, que devons-nous faire nous-mêmes ? Bien des enfants ont renoncé, cette année, à leurs fêtes et à leurs cadeaux de Noël et ont demandé que l'on consacrât la dépense, à venir en aide aux innombrables enfants orphelins ou affamés, ou dénués de tout, ou malades, et qui risquent de périr de froid, leurs maisons ayant été brûlées et leurs vêtements enlevés par les Kurdes. On parle de 500.000 malheureux privés de tout abri et réduits à la dernière extrémité.

N'y en eût-il que 100.000, quel amas de misères ! Dans la seule ville de Van, le Dr Raynolds écrivait en septembre qu'il lui fallait nourrir 4.177 affamés, sans compter 4.797 auxquels il fournit du travail ; et ce travail est rétribué au plus 25 centimes par jour !

Nous recevions le 22 novembre 1896, d'Alabasch, près de Zeitoun, une lettre de cinq Arméniens, demandant du secours pour leur village, composé jadis de 300 maisons, qui toutes ont été brûlées. « Ni cette année, ni l'an passé, disent-ils, nous « n'avons pu ensemencer nos champs ; nous « sommes affamés et nus. Si vous ne nous aidez « pas, nous périssons. Nous n'avons pas une seule « maison pour nous garantir des frimas ; nous « vivons comme des bêtes, dans des tentes, sans « lumière. Trois garçons, après quatre jours de « jeûne forcé, se sont mis à manger de l'herbe et « sont morts ; deux filles ont voulu pêcher pour « apaiser leur faim, et se sont noyées. Une femme, « après être restée affamée une semaine, s'est « jetée à l'eau. Un père, n'ayant pu supporter la

« vue de sa famille mourant de faim, s'est heurté
« la tête contre les pierres et s'est ôté la vie ; un
« chef de famille, pour sauver ses autres enfants,
« a couru à la ville voisine, vendre pour vingt
« piastres, son garçon âgé de deux ans ! »

Ici, des secours répétés seront indispensables. Il faudra donc donner abondamment et donner souvent : les besoins seront immenses pendant tout l'hiver, et, si les secours ne sont pas exceptionnellement abondants, il faut s'attendre à ce que beaucoup de femmes et d'enfants meurent de froid et de faim, comme cela est arrivé à plusieurs que l'on a voulu renvoyer dans leurs villages déserts et détruits.

Partage ton pain avec celui qui a faim

J'ai vu la famine de près, écrit M. W. W. Howard, qui a visité deux fois le théâtre de tant d'horreurs, et surveille, dans ce moment, sur place, l'émigration des Arméniens en Perse, près d'Ouroumia. J'aimerais pouvoir éloigner la vision qui me hante ; mais personne ne peut l'oublier une fois qu'il l'a eue, ni se représenter les horreurs de la famine avant de l'avoir regardée face à face. On peut supporter à la rigueur de rencontrer l'homme robuste souffrant la faim, mais la vue de femmes et d'enfants en proie aux tortures de la faim est intolérable.

Traversant, une après-midi, un village arménien de la province de Van, j'arrêtai mes gens devant une maison où pleurait une petite fille. Un homme dans la force de l'âge, vrai spectre de la faim, était assis en silence près de la porte. « Pourquoi cette enfant pleure-t-elle »? lui demandai-je. L'homme leva lentement la tête et jeta sur moi un regard de désespoir.

— Je n'en sais rien, dit-il.

— Singulière réponse pour un homme qui est sans doute le père de l'enfant qui crie. Allons! dis-moi, pourquoi cette enfant crie-t-elle?

— Elle crie parce qu'elle crie, répondit-il, ennuyé de ma question.

— Mais non, il doit y avoir une raison.

— Peut-être bien; que veux-tu? Moi je suis un chien de chrétien; toi, tu es un grand seigneur avec chevaux et domestiques! Que t'importe le chagrin de mon enfant?

— Nous sommes hommes tous les deux. Pourquoi l'enfant pleure-t-elle? Réponds-moi.

— Elle pleure parce qu'elle a faim.

— N'y a-t-il donc point de nourriture ici pour un enfant affamé?

A cette question, qui n'était pas nouvelle pour lui, mon cuisinier, sautant de cheval, s'était déjà approché portant un sac rempli de pains.

— De la nourriture, continua mon homme, roulant des yeux hagards et saisi d'un tremblement nerveux des mains : Oui, il y a de la nourriture! Il y a, aux arbres, le long du torrent, de l'écorce que l'on peut ronger du matin au soir, il y a de l'herbe dans les prés; dans la montagne, il y a des racines et, dans les trous, de la mousse à arracher.

— Non, mais du pain, de vrai pain? N'y a-t-il point de pain pour un enfant qui pleure?

— Sans doute, Monsieur, il y a du pain et même en abondance; un magnifique pain noir, fait de graines de lin et de chanvre et de graines de trèfle, qui empoisonne celui qui en mange. Voyez, mon Seigneur, voici du pain, si vous avez envie d'en manger. Ne craignez pas d'y toucher, car ce n'est pas un gâteau de fiente, quoiqu'il en ait toute l'apparence; et, disant cela, il me tendit un pain rond d'une consistance rappelant les mottes de bouze sèche, dont on se sert comme de combustible en Asie.

« C'est le pain de famine de l'Arménie, dit un de mes hommes. N'en mangez pas! — A la longue il rend fou! J'en pris un très petit morceau, qui me suffit amplement. Le goût en était celui d'herbes amères ou de plantes nauséabondes. J'échangeai du pain de froment bon et sain, contre cinq de ces gâteaux que j'ai rapportés en Amérique, comme spécimen de la nourriture des Arméniens en temps de famine. Les pleurs de l'enfant furent calmés; elle eut pour sa part un morceau de pain presqu'aussi grand qu'elle-même. Puis le cuisinier secoua son sac et les habitants du village, qui s'étaient réunis autour de nous, se précipitèrent sur les miettes avec la voracité de loups affamés.

L'histoire de ce village est celle de presque tout village chrétien de ces contrées.

Rayons d'espérance et de consolation

Heureusement, qu'au sein de la fournaise ardente, Dieu a encore ses anges. Nommons, à Orfa, l'évêque grégorien, Khorin Mekhitarian, qui après avoir en vain essayé de s'offrir lui-même aux forcenés, pour calmer leur rage par sa mort, a été contraint par eux de faire soigner sa blessure et est resté à son poste. Mais citons surtout les missionnaires américains, qui ont partout transformé leurs maisons en refuges ou en hôpitaux et ont sauvé la vie à des milliers de persécutés.

La directrice de la mission scolaire d'Orfa s'est dévouée au point qu'un des survivants a pu dire : « Sans Mlle Shattuck, nous serions tous devenus musulmans »; un autre ajoutait : « Il ne nous reste plus que Dieu et nos missionnaires. » Tombée malade, après de si poignantes émotions, Mlle Shattuck a pu reprendre son œuvre avec une nouvelle force : « Le réveil de l'intérêt pour l'éduca-
« tion des enfants a quelque chose de vraiment
« étonnant. Dans nos écoles protestantes et grégo-
« riennes, nous avons 1.373 élèves. Six lectrices
« de la Bible instruisent, à domicile, 150 femmes
« et filles trop grandes pour fréquenter l'école.
« Krikor, le pasteur d'Aïntab, et son diacre sont
« venus nous aider et prêchent à des foules. A cette
« vue, le brave évêque s'est écrié : « Il n'y a que
« Dieu qui puisse allumer dans les âmes une telle
« faim de sa Parole ! » Nous aidons de nos secours
« environ 2.500 membres des familles de veuves,
« sans soutiens. Il nous faudrait pouvoir entrete-
« nir 300 orphelins. Nous en avons sur nos listes
« 3.325 et 1.493 veuves. »

Les soins de la charité, quoique disproportionnés avec les besoins, ont cependant sauvé bien des vies et gagné bien des âmes. Les grégoriens se sont rapprochés de nous et ont appris à nous aimer; ils nous ont ouvert leurs Eglises et leurs cœurs. Une piété et un sérieux nouveaux se sont emparés de la jeunesse. Jamais, dit Mlle Gage, de Marsovan, nous n'avons eu autant de satisfaction de la part de nos jeunes filles. De Harpout, de Mardin, d'Orfa, on écrit la même chose. Nous avons le ferme espoir, que l'on pourra dire des martyrs arméniens du XIXe siècle ce que Tertullien écrivait, vers l'an 210, des chrétiens persécutés : *Chaque fois qu'on nous fauche et nous moissonne, on ne fait que nous semer à nouveau.* Tant de souffrances endurées pour la foi ne peuvent rester sans bénédiction; nous n'en voudrions pour témoignage que l'admirable courage et persévérance dont les missionnaires ont fait preuve.

Il ne faut cependant pas se faire illusion, si le secours n'arrive pas bientôt, toute l'existence de cette belle et intéressante population est mise en question : « Si l'ordre n'est bientôt rétabli, dit le « rapport du mois de novembre, il y a bien peu « d'espérance. Ceux qui le pourront, fuiront loin de « leur patrie et ceux qui sont obligés de rester, « abjureront la foi chrétienne, ou vivront comme « les misérables esclaves de ceux qui gouvernent. »

Prions Dieu qu'Il incline les puissants à protéger efficacement ce peuple uni à nous par les liens de la foi et qui est notre frère !

L'histoire suivante montrera ce que peuvent devenir les enfants arméniens sous l'influence de l'Evangile.

Comment Siméon et Steppan devinrent pasteurs protestants.

Il y a bien des années, que dans la montagne de Sassoun, devenue tristement célèbre par les affreux massacres du mois d'août 1894, un petit garçon quittait son village de Dalvori, gravissait les hauteurs rocheuses que rougit plus tard le sang de tant d'enfants et de femmes, et allait se blottir dans une caverne.

Le feuillage de la forêt lui fournit une couche fraîche, le torrent son breuvage et les quelques provisions qu'il avait apportées de son village, le maigre repas du jour.

Etendu sur la mousse, à genoux ou se promenant dans les hauteurs, il prie Dieu, la vierge et les saints de son pays, médite et demande à Dieu de le rendre saint comme les anachorètes et les solitaires d'Arménie dont il a lu avec avidité l'édifiante histoire.

Son nom de Siméon ne lui rappelle-t-il pas l'illustre saint Siméon le Stylite, originaire du pays voisin du haut Euphrate, et qui passa environ trente ans de sa vie sur une colonne de 60 pieds de haut.

Siméon le Stylite avait trouvé des imitateurs: tout un peuple de stylites s'était formé en Orient et partout se rencontraient les monuments de leurs saintes austérités : pourquoi ne deviendrait-il pas leur émule et ne parviendrait-il au même degré de perfection qu'eux ? Des amis découvrirent sa retraite et lui firent des remontrances sur sa fuite et sur son genre de vie: « Allons donc, lui disaient-« ils, t'imagines-tu aller seul au Paradis et nous « laisser aller tous à la perdition ? »

On lui conseilla de se faire recevoir comme novice au couvent de Mouch, à l'occident du Lac Van; en effet il fut admis comme « pocravore » ou apprenti novice.

Il était obligé de faire les commissions, d'être le petit domestique des moines et surtout des « vartabeds » ou prélats du lieu.

Sans se laisser détourner par les moqueries ni l'envie des habitués du couvent, Siméon Tavitian continuait ses austérités et consacrait tout le temps que lui laissait son service, à la lecture des livres qu'il pouvait se procurer dans la biblothèque du couvent et à la méditation de l'histoire des Saints.

Mais à mesure qu'il se pénétrait davantage de leurs vertus, il était de plus en plus frappé du contraste entre leur vie et la conduite repoussante de la plupart des moines.

Il s'en ouvrait quelquefois à son compagnon de chambre, nommé Stéppan.

Un jour il rentra du marché tout rayonnant. Il y avait entendu les récits d'un marchand arrivé depuis peu de Constantinople, qui annonçait aux Arméniens étonnés de Mouch, qu'il avait trouvé dans la capitale une nouvelle École, fondée par des étrangers venus de la lointaine Amérique et occupés à enseigner la théologie de la Bible. Le Président en était le Révérend Cyrus Hamlin.

« Théologie de la Bible » ! ces mots nouveaux et singuliers étaient restés dans les oreilles et le cœur du jeune novice.

Il raconta son aventure à Stéppan ; la conversation fut longue et animée. L'un et l'autre jeune homme convinrent, que s'ils voulaient devenir prêtres, se marier et s'établir à la tête d'une paroisse, où « vartabeds » et prélats d'un couvent chrétien, c'était là précisément la préparation qu'il leur fallait, savoir l'étude de la « théologie de la Bible ». Les deux honnêtes et sincères garçons arrivèrent à la conclusion, qu'ils partiraient ensemble pour la capitale et demanderaient à être admis à l'Ecole de la « théologie de la Bible ». On eut beau leur faire mille objections, se moquer d'eux, tout essayer pour les détourner de leurs propos ; ignorants mais résolus et sincères, ils répondent qu'ils sont décidés à partir ; chargent sur le dos leur paquet bien ficelé, contenant quelques hardes et une couverture qui leur servira de lit, et les voilà en route pour Trébizonde, en quête de la « théologie de la Bible ! »

N'ayant ni sou ni maille, ils étaient à l'abri des voleurs ; les Kurdes eux-mêmes partagèrent plus d'une fois avec eux leur grossière nourriture ; reçus partout avec bienveillance, conduits et gardés par la bonne main de Dieu, les deux jeunes Arméniens trouvèrent chaque nuit entre Mouch et Trébizonde, un toit, un hangar, une caverne, pour y étendre leur couverture et dormir tranquillement jusqu'au matin.

Mais une fois arrivés à la Mer Noire, comment faire pour continuer leur route et franchir les 400 milles de mer, qui séparent Trébizonde de Constantinople? Une multitude de passagers attendaient, sur le rivage, l'arrivée du vapeur qui devait les conduire à la capitale. La pauvreté, la bonne mine et la parfaite sincérité des deux garçons gagnaient les cœurs et leur firent trouver faveur auprès de quelques Arméniens plus fortunés, qui payèrent leur passage de pont et leur donnèrent, pour la traversée, un havre-sac rempli d'olives et de pain. Après quelques jours, ils arrivent à Stamboul, la grande ville. Un passager compatissant les conduit droit au patriarche, persuadé que celui-ci est le père de tous les Arméniens; et les voilà tous deux à genoux devant le saint personnage.

Ils lui racontent leur histoire, reçoivent ses louanges pour leur courage, et le patriarche les assure même, que cet exploit servira au pardon de leurs péchés. En revanche, ils apprennent, à leur grand étonnement, que le patriarche a fait fermer l'école dont ils parlent : « J'ai reconnu, leur dit le grave prélat, que cette école était hérétique et tenue par des étrangers; mais n'ayez point de crainte, vous aurez mieux que cela : j'ai un « vartabed », un abbé savant et pieux, que j'envoie justement à Mouch et qui fera la route de retour avec vous. Mais avant de partir, l'un de mes secrétaires va vous faire faire le tour de la ville et vous montrer les splendeurs de Constantinople! » La bienveillance du patriarche consola quelque peu les pauvres montagnards et le voyage de retour fut égayé par les causeries de l'abbé qui les accompagnait. Mais le dernier soir, tandis qu'ils étaient en train de prendre leur repas, le vartabed ou abbé dit à ses deux acolytes : Sa Sainteté le patriarche vous a dit un gros mensonge, en parlant de l'école de Bebek; il a bien essayé de la faire fermer par le gouvernement, mais il n'y est point parvenu et n'y parviendra pas! — Ah! pourquoi ne nous l'avez-vous pas dit plus tôt? Nous n'aurions jamais rebroussé chemin, répliquèrent les deux jeunes garçons. — Mais, répondit l'autre, le patriarche m'a fait promettre que je vous ramènerais à Mouch.

Ils firent de nécessité vertu; essayèrent d'abord de se persuader que le nouvel abbé valait mieux que l'ancien; mais, peu à peu, ils s'aperçurent que les prétendus changements n'étaient qu'apparents et que, sous le nouveau régime, l'enseignement était aussi peu satisfaisant que sous l'ancien.

Un jour, las d'entendre toujours débiter les mêmes vieilleries, Siméon s'adresse à un ami et lui dit : « Le vartabed Muggerdich ne vaut pas mieux que l'ancien. Nous sommes réduits à lui servir de valets. Je veux aller consulter le hadji Haroutune qui vient d'arriver du grand couvent de Jérusalem Là, nous trouverons enfin ce que nous cherchons. » Revenu de sa visite, Siméon s'adresse à son ami et lui dit : « Eh bien, lève-toi et partons pour Jérusalem » — Jérusalem? répliqua Steppan, y songes-tu? Mais pense donc qu'il faut soixante à soixante-dix jours pour y arriver. — Qu'importe ? — Siméon part seul, soixante-dix jours seront bientôt passés; se dit-il; après tout il ne s'agit que d'avancer toujours, de se joindre à quelque caravane de pèlerins. Là, nous serons à la source ; là nous trouverons enfin la théologie de la Bible!

Resté seul au couvent de Mouch, sans compagnon de chambre, sans ami pour le comprendre, Steppan se met à réfléchir; il se reproche de n'avoir pas accompagné son ami, qui succombera probablement en route ; il se demande s'il ne le suivra pas; puis il se dit qu'il connaît le chemin de Constantinople et saura bien trouver seul l'école de Bebek sur le Bosphore, sans retomber une seconde fois entre les mains de sa Sainteté le patriarche.

Il fait si bien, qu'un beau jour, le voilà à la porte du grand collège de Bebek, fondé par la société des missions américaines, demandant admission à M. Cyrus-Hamlin. Sans lui raconter toute son histoire, il lui signale seulement l'ennui de la vie de moine, son dégoût de l'état de « pocravore » ou de novice du couvent, il raconte qu'il l'a essayée sous deux vartabeds, aussi insupportables l'un que l'autre. Il n'avait été que leur valet, loué, quand il faisait avec habileté la besogne demandée, mais traité de chien, d'imbécile, d'âne, de porc, quand il avait manqué en quelque travail.

Au reste Steppan fit preuve d'application, montra un sincère désir de connaître la bible et réussit à traverser les études, dont la longueur et la variété l'effrayaient d'abord.

« Un jour d'hiver, par une pluie battante, raconte le Dr Hamlin, tandis que j'étais occupé à surveiller les exercices de gymnastique des élèves, qui s'essayaient à rouler sous un hangar une grosse pierre, j'entends heurter assez fort à la porte du collège; je tire à distance la corde; la porte s'ouvre et je vois entrer, trempé de pluie, un pauvre jeune voyageur, vêtu de serge noire, comme les montagnards, tout ahuri et éperdu.

Les étudiants arrêtent leurs ébats pour observer l'étranger, mais l'un d'entre eux pousse un cri de surprise, sort des rangs, court droit au nouveau venu et le serre dans ses bras, l'embrassant sur les deux épaules, malgré l'eau qui en découlait; les quarante étudiants d'applaudir sans comprendre. Le pauvre voyageur n'était autre que Siméon et celui qui l'embrassait si serré, c'était Steppan, tout heureux de revoir son compagnon de chambre du couvent de Mouch.

Quand le pauvre voyageur fut mis au sec et un peu rassuré, on lui demanda de raconter son histoire et de dire, comment, parti pour Jérusalem, il était parvenu en fin de compte, à Constantinople.

Siméon avait eu en effet bien des aventures. Après un long et fatiguant voyage, il avait atteint Jérusalem et avait été reçu avec honneur et bonté au couvent arménien du quartier de ce nom. Les moines avaient été très flattés de savoir que la renommée de leur couvent avait pénétré jusqu'au delà des monts Taurus.

Mais « de théologie de la bible » qui était l'objet de toutes ses recherches, on n'avait rien su lui dire : ce n'étaient que processions, prières adressées aux saints, jeûnes et litanies, légendes de martyrs et récits de leurs miracles ; avec cela la vie des moines était, si possible, plus mauvaise encore que celle du couvent de Mouch ; il en vint à regretter ce dernier et à se demander s'il ne se ferait pas catholique ; mais ici encore d'autres informations le retinrent.

Vers ce moment, un nouveau professeur arriva de Nicomédie à Jérusalem et fit plusieurs fois allusion à la nouvelle secte des protestants, dont les doctrines, assez différentes de celles des Arméniens, avaient pour elles le texte biblique. Le jeune Siméon écoutait bouche béante et se mit aussitôt à comparer les anciennes formes du culte de son église, les doctrines, la conduite des moines du couvent, avec les textes bibliques. Il en résulta des discussions assez vives avec les chefs des moines. « Pourquoi, leur disait le jeune novice, ne vivez-vous ni en conformité avec les principes de l'Evangile, ni avec vos propres règles. » Les vartabeds apprirent ce qui se passait et mirent le jeune réformateur à la porte, en lui disant : « Qui es-tu pour te permettre de nous montrer le vrai chemin? Es-tu par hasard un des pères de l'Eglise, un évêque, du catholicos » ?

Le voilà donc à la rue; on lui parle alors du digne évêque Gobat, qui habite près de l'Eglise de Christ, au mont de Sion; il se rend chez lui et l'évêque lui dit aussitôt: Il vous faut aller chez le docteur Hamlin, à Bebek; je vous donnerai une lettre pour lui. A Beyrouth, il rencontra un ancien vartabed, devenu protestant, nommé Bedros, qui l'encouragea à poursuivre sa route jusqu'à Constantinople; et c'est ainsi, qu'après une longue odyssée, il avait finalement rejoint son ami Steppan.

Mais il n'était pas encore au terme de ses luttes. Informé de la façon maladroite dont les moines de Jérusalem avaient jeté eux-mêmes, dans les bras des protestants, cet intéressant jeune homme, Matteoso, le patriarche arménien de Constantinople, le fit venir chez lui pour le supplier de rentrer dans l'Eglise de ses pères, lui offrant de le renvoyer comme évangéliste libre dans ses montagnes. « Mais avant que je puisse accepter, répond Siméon, il faut que vous mettiez ma conscience à l'aise et que vous me prouviez, que je puis accorder les exigences de ma conscience avec les vieilles méthodes de l'Eglise et avec la conduite du clergé. »

Le métropolitain y essaya en vain sa théologie et sa rhétorique; Siméon retourna chez M. Hamlin et suivit un cours de trois ans, après quoi, il fut envoyé dans la ville de Nicomédie pour y prêcher. C'est là qu'il épousa la femme qui lui survit. Consacré au saint ministère par MM. Dwoight, Hamlin et Riggs, il retourna dans les montagnes de l'Arménie, non pour contrecarrer les missionnaires américains, comme le désirait le patriarche, leur ennemi acharné, mais pour y prêcher le pur évangile et y devenir, on peut le dire sans exagération, un apôtre de son peuple : d'abord à Chevermeh, dans la province de Khanous, à soixante milles au sud d'Ezeroum, puis comme fidèle compagnon du missionnaire Dunmore, explorant avec lui les districts de Kars, d'Erzinghan et de Geghi. En 1861, il rentra dans Mouch, l'ancien théâtre de ses combats, pour y travailler de concert avec les missionnaires de Bitlis. Ses efforts furent surtout couronnés de succès à Havadorick, village des montagnes voisines de son lieu de naissance, mais ce fut là aussi qu'il eut à subir les plus cruelles persécutions.

Pendant un quart de siècle, il fut le fidèle pasteur des Arméniens de Bitlis. Sentant les atteintes de l'âge, il prit sa retraite en 1887 et vécut encore sept ans à Nicomédie, respecté des Grégoriens, des protestants et même des Turcs. Il fut atteint, à la fin, de paralysie et glorifia Dieu jusqu'au bout de son utile carrière.

Vers la fin de l'an dernier, il apprit les affreux massacres qui avaient ensanglanté sa patrie et la tristesse qui déchira son cœur à ces terribles nouvelles, hâta sa fin. Il laisse à tous un souvenir de piété et de zèle. Sa vie monacale lui avait donné quelque chose de la simplicité des anachorètes, et l'on disait de lui, qu'il ne savait qu'une seule chose : Jésus-Christ et Jésus-Christ crucifié ! C'était le mot d'ordre du grand apôtre et Siméon Tavitian s'est trouvé ainsi en bonne compagnie !

Quant à Steppan, lui aussi est devenu un utile pasteur et a été retiré à Dieu, avant les massacres de 1895.

CONCLUSION

Nous ne terminerons pas ces pages, sans faire un dernier appel à la charité et à la pitié des lecteurs. Devant des misères aussi immenses, devant les tortures d'un peuple entier, l'égoïste et le méchant peuvent seuls rester insensibles et sans entrailles. Il faut envoyer des secours matériels, de l'argent, des vêtements, des couvertures ; mais le plus simple est encore l'argent, qui s'expédie facilement par les banques. La France protestante a déjà envoyé : d'abord 8.000 francs; ensuite, par un pasteur, 5.000 ; puis, par le Comité protestant français de secours aux Arméniens, dont le siège est 14, rue de Trévise, trois autres sommes de 5.000 fr., c'est-à-dire, 15.000 fr. ; et les collectes continuent. La Suisse, l'Angleterre, l'Amérique et d'autres ont aussi réuni des sommes considérables ; mais les besoins iront croissant avec l'hiver. Le riche et le pauvre se rencontrent, dit la Bible, Dieu les a faits l'un et l'autre.

Les souffrances de nos frères ont pour but d'éveiller notre charité et de nous apprendre à nous dévouer à l'image de Celui « qui, étant riche, s'est « fait pauvre, afin que, par sa pauvreté, nous fus- « sions rendus riches ». Lui-même nous a promis que si nous donnons aux pauvres et assistons nos frères dans leurs détresses, il nous dira un jour : Ce malheureux que tu as assisté, c'était moi-même. J'étais en prison et tu m'as visité ; j'avais faim et tu m'as donné à manger ! — Quelle gloire de pouvoir soulager Jésus-Christ dans la personne de nos frères persécutés et souffrants !

Alençon. — Imp. GUY, Vve, Fils et Cie

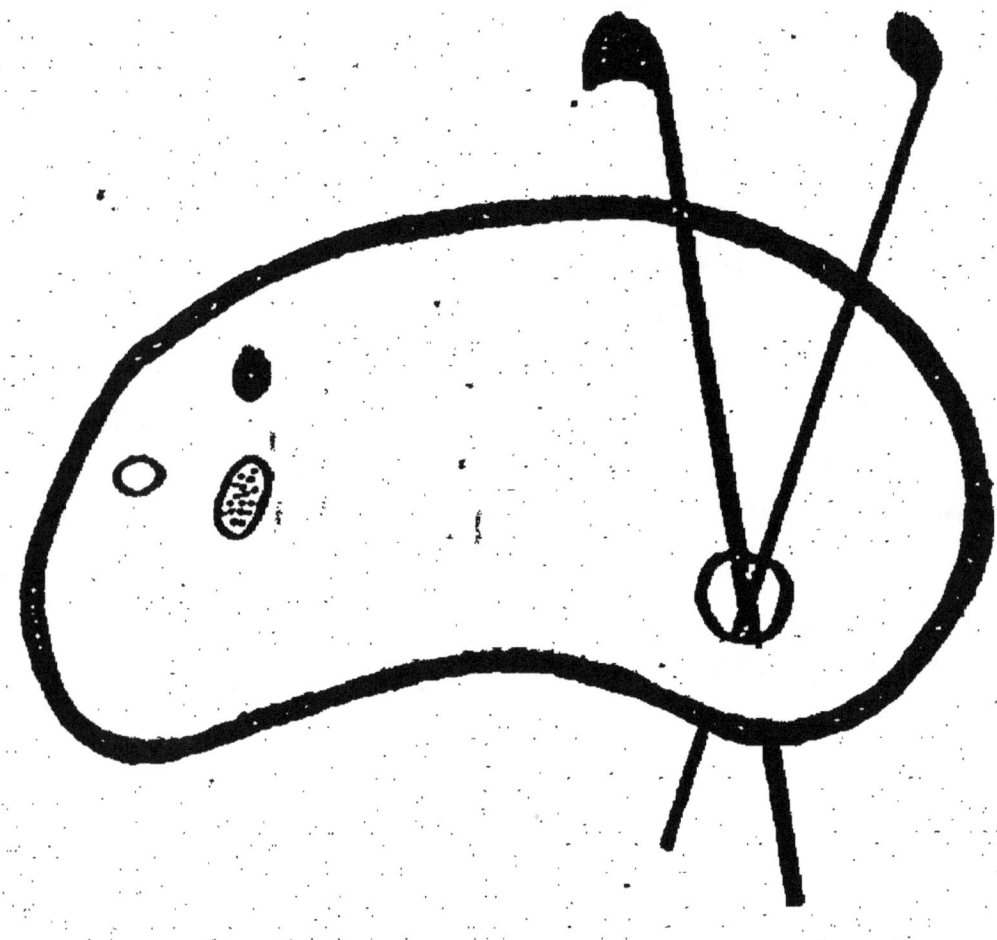

ORIGINAL EN COULEUR
NF Z 43-120-8

www.ingramcontent.com/pod-product-compliance
Lightning Source LLC
Chambersburg PA
CBHW061013050426
42453CB00009B/1405